François Bravay, le vrai Nabab

*Olivier Sentis*

# François Bravay, le vrai Nabab

## Portrait d'un aventurier

© Olivier sentis, 2017

Éditeur : BoD-Books on Demand,

12/14 rond-point des Champs Élysées,F- 75008 Paris,

Impression : BoD-Books on Demand, Norderstedt, Allemagne

ISBN : 9782322156450

Dépôt légal : avril 2017

*A nos grands-parents,*

*ces proches inconnus.*

# Sommaire

| | |
|---|---|
| Introduction | 11 |
| 1. L'homme | 13 |
| 2. Les drames qui ont forgé son caractère | 15 |
| 3. La découverte de l'Egypte | 17 |
| 4. Un peu de généalogie | 20 |
| 5. L'ascension sociale | 22 |
| 6. Sa relation avec Saïd Pacha | 26 |
| 7. Le retour triomphal en France | 37 |
| 8. Sa carrière politique | 45 |
| 9. Sa relation avec Ismaïl Pacha | 52 |
| 10. Sa renaissance | 57 |
| Bibliographie : | 65 |

# Introduction

La période du Second Empire représente pour beaucoup d'entre nous l'essor d'un capitalisme effréné. Elle est aussi, et ce n'est pas une contradiction, l'époque où de grandes aventures ont été rendues possibles.

François Bravay, qui a inspiré le Nabab de Daudet, a marqué cette période par ses audaces. Saisissant les diverses opportunités qui s'offraient à lui et doté d'une générosité hors normes, il va littéralement fasciner ses contemporains. Le deux centième anniversaire de sa naissance est l'occasion de lui rendre hommage et de plonger dans cette période des grandes mutations, la première à mon sens de la modernité.

Ce personnage romanesque, complexe et truculent a laissé derrière lui de nombreux témoignages. Certains sont parfaitement vérifiables, en particulier les nombreux procès et actes juridiques pour lesquels il était partie prenante mais d'autres sont de parfaites légendes qui prenaient leur source dans l'origine mystérieuse et jalousée de sa fortune issue de cet orient lointain et aventureux qu'il incarnait. De nombreuses incohérences et contradictions trahissent la superficialité de ces biographes improvisés.

On remarque dans les nombreux articles de journaux relatant les actions de Bravay une sidération et une distanciation du rédacteur traduisant la fascination que cet homme a pu exercer en raison de ses évolutions de fortunes fabuleuses. Une grande partie des « publicistes » ou des biographes est admirative ; certains font un panégyrique qui peut accréditer l'idée d'une influence directe de Bravay, et de sa grande générosité. A l'inverse, quelques articles sont fielleux, voire insultants et sont propagés par ses ennemis, qui furent nombreux. Il y a les jaloux de sa fortune, ceux qui sont déçus de ne pas avoir profité de ses largesses mais il y a des ennemis mortels qui propagent des calomnies. On citera en premier lieu son opposant gardois, Chalandon, adversaire à la députation, qui a été condamné pour ces faits de diffamation grave, laissant entendre que Bravay avait tenu une maison de plaisir. Parmi ses ennemis, également, le camp anglais d'Alexandrie, qui le détestait, menait une campagne à son encontre dans les journaux français.

On ne connaît pas en revanche de récit autobiographique de Bravay : nous avons seulement un discours à la chambre des députés : cet homme n'aimait pas se confier.

Aussi parmi le très grand nombre d'informations à son sujet, nous n'avons gardé que les faits historiques recoupés et avons abandonné toutes les fausses légendes à son égard, au premier rang desquelles se situe, bien sûr, le roman de Daudet, *Le Nabab*, que nous évoquerons ultérieurement.

# 1. L'homme

Regardons une des rares photos de François Bravay prise dans la force de l'âge et immortalisée par le célèbre atelier de photographie Nadar. On s'autorise à y noter une force de caractère et une assurance qui portaient les projets de notre aventurier avec détermination ainsi qu'un certain dédain pour les choses communes que l'on dénomme l'intendance. Associé à son immense générosité, cela fut sa chance mais aussi sa faiblesse.

Une auteure de biographies, la Comtesse Dash, l'a rencontré dans les salons de Dumas, lui-même fort intéressé par ses aventures. Elle le décrit ainsi : « Il n'est pas grand, un peu fort; son visage, par une singulière prédestination, offre une ressemblance frappante avec celui des anciens Egyptiens. Il a comme eux les lèvres fortes, épaisses, et de belles dents, de grands yeux noirs bien fendus, le nez un peu large et la peau brune; ses cheveux sont noirs et brillants : ils se marient parfaitement avec son teint bistré par le soleil du Midi.

« Son regard est en même temps très doux, très bon, très intelligent et très énergique. Il a des éclairs de finesse et de gaieté où le caractère et l'esprit méridional se devinent.

« Son front est large quoique un peu bas, à la manière antique, ce qui, par extraordinaire, ne lui ôte rien de son expression. Ses traits n'offrent pas de régularité et, cependant, il ne saurait passer inaperçu; il y a en lui quelque chose qui frappe et qui surprend. »

On sait également que son accent provençal et son art oratoire attiraient la sympathie du plus grand nombre. Le contact facile, écoutant et bienveillant, il était profondément imprégné de son terroir qu'il n'a jamais oublié malgré ses lointaines aventures.

## 2. Les drames qui ont forge son caractere

François Bravay va connaître dans sa jeunesse plusieurs drames qui vont le blesser et le contraindre à prendre des risques importants.

Né le 25 novembre 1817 à Pont-Saint-Esprit dans le Gard, il est le second d'une fratrie de trois garçons dans une famille de la petite bourgeoisie. Son père Pierre-François y tient une quincaillerie. Il vend des ustensiles de cuisine en fer blanc ainsi que des outils agricoles dans sa boutique près du célèbre pont romain qui enjambe le Rhône.

Le premier drame que vit notre héros est la mort de son père à 45 ans. François a alors cinq ans.

Sa mère, Françoise Vivier, également spirontaine, reprend courageusement l'affaire familiale qu'elle renomme Maison Veuve Bravay et Fils, Frères. Les affaires reprennent. Mais un second coup du sort vient bouleverser la famille : le banquier de la ville, Boisson, fait faillite. Il irriguait par ses crédits l'activité économique de Pont Saint Esprit et sa chute entraîne l'entreprise Veuve Bravay dans son sillage. A cette époque, aucune supervision bancaire ne régulait l'activité, on s'improvisait banquier et, dans ce capitalisme débridé naissant, les conséquences pour l'industrie et l'activité économique pouvaient être dramatiques ! La boutique baisse le rideau en 1838. La famille sera bientôt dépossédée de tous ces biens, en particulier la demeure familiale, dénommée la ferme du Colombier. A cette époque, une faillite dans une petite ville était honteuse et le fait qu'elle soit due à un événement extérieur n'empêchait pas d'être montré du doigt.

La famille Bravay va chercher à oublier l'atmosphère de Pont Saint Esprit et va tenter sa chance à Paris. Elle s'installe dans le quartier de Bercy en 1842 et François, qui a déjà une certaine faconde, va trouver à s'employer dans le commerce des vins chez Vial et Cie dans les entrepôts de Bercy. Son frère ainé, Emile, fonde de son côté, une fabrique d'eau gazeuse.

François épouse en 1938, à 21 ans, une demoiselle de moges, fille d'un négociant comme lui.

Mais le destin se rappelle à lui et va frapper une troisième fois : son épouse décède brutalement en 1846, et François est terrassé par le chagrin.

Il veut fuir pour se reconstruire, fuir le climat parisien et retrouver la chaleur du Sud. Il veut également prouver qu'il peut réussir et il rêve déjà de revenir triomphant du destin en étalant son succès.

Avec un de ses amis, Charles Chaillan, il aime à admirer l'obélisque de la place de la Concorde dont le long transport et la cérémonie d'inauguration ont ému tout Paris quelques années auparavant. Ce monument présente, au-delà de la fascination des parisiens pour l'Egypte ancienne, le potentiel de ce pays neuf.

Ils forment le projet d'y vendre du vin et espèrent une vie différente qui leur permettrait de s'extraire de leurs conditions difficiles.

## 3. La decouverte de l'Egypte

Les deux amis rejoignent Marseille en cette fin d'année 1846 après trois jours de route. François peut déjà constater que le chemin de fer, dont tout le monde parle et qui va bientôt arriver à Marseille Saint Charles, va bouleverser les transports de marchandises. Sur le port de la Joliette nouvellement créé, dans la cité phocéenne, de nombreux bateaux-poste s'offrent aux aventuriers : la vapeur a déjà permis depuis une dizaine d'année d'améliorer la rapidité des traversées méditerranéennes. Selon une légende que Bravay a lui-même laissé se propager, ne sachant où aller, il place son chapeau équipé d'un papier sur sa canne et VRRR, le chapeau tourne : le papier indique la direction de l'Egypte. Le destin le pousse ainsi vers cette contrée.

Il arrive à Alexandrie avec ses espérances, la peur de l'inconnu et la rage de vaincre, le 13 février 1847, après une dizaine de jours de traversée et une courte escale à Malte. Il a dû payer sa traversée entre 100 et 200fr et n'a plus un sou en poche en débarquant. Il a juste dans sa poche une lettre de recommandation d'un certain Barrot, une connaissance de Paris. S'il imaginait partir aux Indes avec son ami Charles, il ne peut que constater qu'il n'a pas de quoi payer le trajet terrestre jusqu'à Suez, qui est la prochaine étape du périple indien.

Les deux hommes découvrent l'Egypte de Méhémet-Ali, un pays en pleine mutation et très différent de ce qu'ils avaient imaginé ; la misère, la saleté, l'entre soi des français installés sont des obstacles difficiles à surmonter pour les deux compères. Mais François sait puiser au fond de son être l'énergie pour réussir et prouver sa valeur.

Dans ce pays aux multiples richesses, François est un touche-à-tout ; on le voit commencer dans le commerce du vin avec Charles. Il est ensuite guide pour les visiteurs français du Caire, tels Maxime Du Camp et Flaubert, qui débarquent en novembre 1849. Gustave Flaubert sera durablement impressionné par ce voyage. Outre Salammbô, il a voulu écrire un roman sous le titre d'Harel-Bey pour décrire cet Orient bigarré dans lequel il aurait pu s'inspirer du personnage de Bravay.

Volubile et commerçant dans l'âme, Bravay ne se limite pas à une seule activité ; il importe des vêtements confectionnés à Paris ce qui était nouveau et recherché à la cour égyptienne. Il est aussi présent dans la cordonnerie, mais également dans la soierie, le commerce de riz et encore, plus tard, dans le blé en investissant dans des minoteries avec les frères Pastré. L'homme est habile, et sa capacité à rebondir d'une affaire à l'autre est étonnante : il est l'homme des coups commerciaux, non dans le seul profit réalisé mais dans le cadre plus large de l'influence et de la reconnaissance qu'il retire de chaque opération. Ainsi son rapport à l'argent est ambigu. Blessé par les privations du temps de sa jeunesse, il a besoin d'en avoir plus que nécessaire mais ce surplus va être utilisé pour étendre son influence. L'argent est surtout le moyen d'exister aux yeux des puissants et d'être considéré par ses compatriotes.

Il comprend rapidement que tout commerce passe par le pouvoir local, aussi se fait-il embaucher auprès d'un des officiers comptables du vice-roi, par lequel passent les grandes commandes de l'industrie égyptienne. Rapidement, il montre son habileté et se fait nommer à la tête de l'une des grandes maisons commerciales. Il offre en particulier de fournir en chaussures le nizam, l'armée du Pacha et malgré l'échec de cette opération, il rebondit peu de temps après pour habiller l'armée de pied en cap.

En 1853, les échanges de l'Egypte avec son puissant suzerain turc sont importants et François effectue à plusieurs reprises le trajet jusqu'en Turquie. Comme il s'est lié avec Wilkinson, un anglais influent d'Alexandrie, il sera reçu par sa tante Elisabeth Wilkinson. Elle réside à Smyrne (future Izmir) avec son mari, le Colonel Schutz, et leurs deux filles.

L'ainée a épousé le comte Pastré issu d'une grande famille de Marseille. La cadette, Amélie, qui a 28 ans et donc 8 ans de moins que François, séduit ce dernier.

Les Pastré forment une fratrie bien introduite à la cour égyptienne : les cinq frères, présents dès 1825 à Alexandrie, avaient développé une affaire florissante, malgré les quelques revers de fortune inhérents à l'activité égyptienne. Ils deviendront puissants dans le monde de la banque. François sait profiter, par cette union avec les Schutz et leurs alliés Pastré, d'un appui utile dans les allées du pouvoir. Il partagera plus tard avec eux les risques et profits de belles affaires comme celle des minoteries du Nil.

Arrêtons-nous quelques instants sur l'origine des Schutz, descendante d'une grande famille genevoise, les Arlaud.

## 4. Un peu de genealogie

Au XVIème siècle, les Arlaud étaient une famille huguenote auvergnate qui fuyait la persécution des catholiques. Anthoine Arlaud se réfugia à Genève en 1617 où il est admis comme « bourgeois de Genève», ce qui lui donne l'obligation de participer à la défense de la ville contre les pillards et contre l'incendie.

Il se rendit célèbre dans la construction de pièces astronomiques, à calendrier, qu'il appelle « montres à mouvement de lune ». Il fait partie de ceux qui créèrent la tradition horlogère suisse avec d'autres comme Jean Rousseau (1606-1684), l'arrière-grand-père de Jean-Jacques.

Ces pièces étaient très appréciées à Constantinople. En effet, le Sultan prisait les nouvelles techniques et plus particulièrement celles qui permettaient de fixer avec précision l'heure des prières.

Son fils Abraham, également horloger et vivant presque exclusivement de commandes turques s'établit vers 1655 près de Constantinople et donna naissance à une grande famille de levantins, ces occidentaux à Constantinople ou Smyrne (Izmir aujourd'hui), diplomates et marchands.

Ainsi, Amélie Schutz, l'épouse de Bravay, est la fille d'un Consul Général de Hollande à Alexandrie, la petite fille d'un Consul d'Angleterre - Consul de Suède du Danemark et des USA et l'arrière-petite-fille d'un Consul britannique à Smyrne et, à la génération précédente, d'un Ministre de la Confédération Helvétique à Constantinople.

Cette courte rétrospective généalogique permet de souligner l'origine des levantins, ces européens qui ont développé des courants d'affaires avec l'orient entre Constantinople, Smyrne et Alexandrie.

Il est temps pour moi d'avouer au lecteur ma passion pour la généalogie, qui m'a permis de me pencher sur François Bravay, mon **trisaïeul** et d'en partager ici ce qui me semble présenter un intérêt notable. Pourquoi me suis-je passionné à l'instar de plusieurs millions de français pour la généalogie ? En premier lieu, les nouvelles technologies ont révolutionné la recherche, il ne faut plus compulser de vieux grimoires mais rechercher puis lire de chez soi des documents indexés et numérisés puis partager et échanger ses résultats avec ses pairs.

Ensuite, loin d'un élan narcissique, l'étude de ses racines nous familiarise avec l'évolution séculaire de notre société. Passer de l'histoire de sa famille à l'Histoire (celle enseignée dans nos manuels) permet d'humaniser et de développer la sociologie historique.

## 5. L'ascension sociale

Bravay, notre héros n'oublie pas la France à Alexandrie. Il en est le prolongement.

En 1848, alors que l'Europe s'embrase à la suite des événements de Paris, il défend le consulat de France contre une émeute. Au Caire, l'émeute embrase toute la ville : le peuple veut chasser les Consuls. C'est Bravay, le patriote, qui s'oppose avec courage aux émeutiers devant le Consulat de France. Il bénéficie alors une grande notoriété.

Grace à sa faconde, il représente plusieurs fois les intérêts de la colonie française. Il est très actif au consulat qui est le lieu de rencontre de toutes les fortunes qui se font et se défont dans cet Orient soumis aux multiples influences. En 1851, les commerçants français, insatisfaits d'un tarif douanier, prient Bravay de défendre leurs intérêts auprès de l'ambassadeur de France à Constantinople. L'homme s'acquitte de sa mission à la grande satisfaction des français qui l'élisent « député de la nation », c'est-à-dire l'assistant du Consul et leur représentant.

En Egypte, les principales nations (France, Angleterre, Italie, Grèce) ont chacune leurs propres cours de justice, composées de leurs nationaux. Tout le monde peut plaider; il n'est pas nécessaire d'être avocat.

L'influence de Bravay en faveur de la France fut décisive. Voici comment Bravay résumera devant le Corps Législatif (future Assemblée Nationale) en février 1854 sa période égyptienne, dans un rare texte autobiographique empreint du lyrisme correspondant au style romantique de cette époque :

« Je suis parti pauvre, et ayant à réparer un passé de famille, j'y suis allé avec la conviction ferme d'y faire fortune. J'y ai travaillé. Mes premières années de labeur n'ont pas été très heureuses. J'ai fait fortune et aujourd'hui après avoir eu à lutter avec la misère, j'ai à lutter avec la fortune, et, certes, je ne sais pas ce qui est le plus hideux si c'est la lutte avec la misère ou la lutte avec la fortune.

« Je suis allé en Egypte ; il y avait alors en 1848 une centaine de Français (127 en tout) et aujourd'hui il y en a 12 000. A l'époque où j'y suis allé, la France y envoyait pour 300 000 fr. de marchandises et aujourd'hui j'ai l'honneur de déclarer que dans ces dernières années elle en a expédié pour 40 millions. Je suis allé en Egypte, et mon dernier acte commercial est d'y avoir introduit le système décimal : en ce moment, il se fabrique en France pour l'Egypte 62 millions de monnaie !

« Si quelques calomnies ont pu se répandre au dehors il n'est pas possible qu'elles soient accueillies et que je sois calomnié dans une enceinte aussi sacrée, aussi solennelle que celle-ci et où j'aspire à l'honneur d'entrer.

« Cette popularité qu'on me reproche, la voici :

« Pendant que j'étais en Egypte, des Français y sont venus ; je les ai aidés, je les ai soutenus et cette influence que j'avais acquise par mes labeurs, cette fortune que j'avais acquise honorablement et loyalement, je leur en ai fait part pour les aider dans leurs affaires commerciales.

« C'est cette même jeunesse, ce sont ces mêmes cinq cents Français du département du Gard qui sont venus en Egypte et qui recueillent le bénéfice de ma position qui sont allés le dire à leurs familles. Ce sont ceux-là qui ont fait mon élection. »

Un Français est, un jour, gravement insulté par un Anglais à Alexandrie dans le cadre d'une intrigue sentimentale. Le Français qui connaissait Bravay et son talent oratoire le charge de sa cause. Ils s'en vont donc devant le tribunal anglais présidé par un juge nommé Galloway pour demander réparation.

Le contraste entre les manières de l'Anglais méthodiste et bourgeois et du Provençal exubérant attire la foule. Dans le plaidoyer de notre avocat improvisé, se trouvent quelques phrases qui sont mal interprétées par le juge. Le magistrat les relève avec morgue et mépris. Bravay, peu habitué à un tel ton, invective le magistrat et indique qu'il le retrouvera pour le rouer de coups. Le juge anglais prend peur devant cet accès de violence et n'ose plus paraître en public.

Dans tout Alexandrie, cet incident passionne l'opinion publique qui devient favorable à Bravay. On s'extasie sur son caractère et son intelligence, il devint une célébrité.

L'Angleterre et la France sont, à cette époque, rivales pour étendre leur influence sur ces régions ; leurs stratégies sont parfois en opposition : ainsi la France soutient Méhémet-Ali dans son désir de s'affranchir de l'influence de « La Porte », l'Empire ottoman, alors que l'Angleterre veut contenir l'influence du Vice-Roi. Cette rivalité franco-britannique va croître jusqu'au percement de l'isthme de Suez, arrivera à son paroxysme avec la crise de Fachoda au Soudan en 1898 et perdurera jusqu'à la fin de la seconde guerre mondiale.

# 6. Sa relation avec Saïd Pacha

L'Egypte est à cette époque soumise à l'empire ottoman tout en étant soumise à l'influence des nations européennes et son dirigeant, le « vice-roi » est le vassal du sultan de Constantinople. A l'époque de l'arrivée de Bravay en Egypte, Méhémet-Ali est le vice-roi et il développait des relations culturelles et commerciales importantes avec la France tant par fascination de l'occident que pour desserrer le lien qui le soumettait au Sultan. Il disait : « Je suis bien conscient que l'Empire ottoman va chaque jour vers sa destruction [...] Sur ses ruines, je vais fonder un vaste royaume [...] jusqu'à l'Euphrate et le Tigre». Il est considéré comme le fondateur de l'Egypte moderne. Il faut néanmoins tempérer le nationalisme légendaire de Méhémet-Ali, c'est en fait un Albano-macédonien des armées turques envoyé en raison de l'expédition de Bonaparte et qui, lorsqu'il prit le pouvoir, mit en coupe réglée l'Egypte et développa le commerce d'esclaves.

Méhémet-Ali est déposé en juillet 1848 sous prétexte d'incapacité mentale et décède un an plus tard. Il est remplacé par son fils Ibrahim puis à son décès, cinquante-trois jours plus tard, par Abbas-Pacha son petit-fils qui prend le nom d'Abbas Ier Hilmi.

Ce dernier est un farouche opposant aux réformes modernistes de ses prédécesseurs Méhémet Ali et Ibrahim. Il expulse les conseillers européens, supprime les monopoles commerciaux, ferme les usines et les écoles.

Cet homme sombre, réactionnaire et taciturne, ne sort que rarement de son palais, et des complots naissent contre lui. Il cherche à faire établir après lui son fils.

Bravay voyage un jour vers Constantinople. Dans le même bateau que lui se trouvait Saïd, un autre fils de Méhémet-Ali, qui n'était alors que l'un des prétendants à la couronne.

Saïd, connaissant la fameuse histoire du juge Galloway, se fait présenter Bravay.

— Altesse, complimente ce dernier avec beaucoup d'à-propos, c'est pour moi un grand bonheur que de pouvoir contempler de près un des rayons du soleil de Méhémet-Ali.

Ravi, le Prince se prit d'affection pour lui.

Peu après, en 1854, Abbas-Pacha est assassiné par deux de ses esclaves, vraisemblablement sur ordre de membres de sa famille.

Il s'ensuit une période trouble pendant laquelle la succession au trône est âprement disputée. Saïd, qui est le prétendant légitime, est pourchassé par les sbires d'Abbas, il va chercher à se cacher et Bravay va lui apporter une aide précieuse.

Voici comment une correspondance relate la rencontre entre Saïd-Pacha et M. Bravay :

« M. Bravay, dont la fortune se compte par millions aujourd'hui, a débuté d'une façon peu brillante, si j'en crois les récits qui m'ont été faits à Pont-Saint-Esprit même. Après avoir essayé bien des métiers, il partit, on ne sait comment ni pourquoi, pour l'Egypte. Là, il végétait dans la misère, quand un jour un homme se présente à lui ; en quelques mots il a expliqué sa position, il est poursuivi, sa vie est menacée, il vient demander asile au Français. Celui-ci le recueille et le nourrit dans sa cabane pendant deux mois. Celui que Bravay avait recueilli était Saïd-Pacha, accusé d'avoir conspiré contre son frère. Une fois sur le trône, Saïd-Pacha n'oublia pas celui qui lui avait sauvé la vie. Quant à M. Bravay, on voit qu'il a su profiter de la faveur de son illustre protecteur; sa fortune en parle assez. »

De ce fait, il se rapproche de celui qui devient Vice-roi d'Égypte de 1854 à 1863 sous le nom de Saïd Pacha, qui le consulte sur de nombreux sujets et passe par son intermédiaire pour ses principales acquisitions.

Nous avons vu que plusieurs raisons expliquent la réussite fabuleuse de Bravay en Egypte : la première est son entregent, les relations qu'il arrive à multiplier, en particulier dans la famille de sa future épouse ; la deuxième est son activité politique comme « député de la nation », c'est-à-dire défenseur des intérêts français. Mais la dernière raison, de loin la plus importante, est son lien avec Saïd Pacha.

Il devint rapidement le confident indispensable, le protégé, l'intendant, voire le vizir et le bouffon de Saïd Pacha, ami des français tout en étant vassal des sultans ottomans.

L'anecdote suivante illustre leur relation : un jour le vice-roi assiste à des fouilles archéologiques. C'est un grand passionné et il sera à l'origine de la création du Service de conservation des antiquités de l'Égypte. Bravay regarde la scène d'un air assez indifférent « Eh bien, Monsieur Bravay, lui dit Saïd Pacha, est-ce que cela ne vous intéresse pas ? » « Oh moi, répondit bravement le négociant, je me contente de pratiquer des fouilles dans les poches de Votre Altesse ». Le vice-roi a beaucoup apprécié la réponse.

Bravay comprend rapidement que Saïd Pacha a besoin d'être écouté, que chaque désir exprimé par ce souverain, enfant gâté fantasque et colérique, doit être réalisé et est la source d'un enrichissement. Il sait aussi que le Pacha est avide de nouveaux amusements et aime l'esprit français. Bravay prend à cœur de produire des spectacles français à destination de la cour.

François Bravay est introduit dans toute la cour égyptienne avide de la mode européenne. Il devient leur fournisseur attitré à travers sa maison, place des Consuls, qui affiche : « Articles français, anglais, allemands ; succursale au Caire et à Constantinople ».

Saïd Pacha a également dû mettre place un système de « réclamation » qui permet aux occidentaux de demander des indemnités dorées pour les moindres incidents liés à la vie commerciale.

« Couvrez-vous, mon cher consul, dit un jour Saïd Pacha à un diplomate qui venait d'éternuer, vous n'auriez qu'à vous enrhumer, votre gouvernement me demanderait une indemnité ! ».

François Bravay, de par sa position pouvait non seulement user de ce système mais aussi favoriser les arbitrages du vice-roi.

Un témoignage de l'importance de son influence peut être donné par cet extrait de jurisprudence de la Chambre italienne ; on se souvient que chaque Nation avait ses propres tribunaux. Les héritiers du Comte Zizinia attaquaient le gouvernement égyptien en 1878 et le tribunal note : « Que si, en effet, l'on peut soutenir, étant données les traditions historiques du règne de Saïd Pacha que le Sieur François Bravay homme de confiance du Vice-Roi et son intermédiaire ordinaire pour le règlement de certaines affaires pouvait dans une mesure relative engager légalement le Gouvernement Egyptien en dehors de l'intervention des ministres réguliers... »

Bravay conseille aussi le Pacha en matière financière. Ce dernier étant très dépensier, notre homme lui fait émettre des bons du Trésor en le prévenant : « le remède que je vous indique est comme l'opium, une goutte soulage le patient, lui procure un sommeil paisible mais une dose trop forte le fait languir à mourir ». Le Pacha n'écoute pas le sage conseil et doit emprunter à des taux de plus en plus élevés.

Sur le rôle de Bravay auprès du Pacha, ont couru de nombreuses légendes souhaitant expliquer la fortune par la malhonnêteté. Or, il existe des témoins de Bravay qui ont pu donner une image objective. Olympe Audouars est une fine observatrice de la société égyptienne. Féministe et pionnière du droit au divorce, elle fut une grande aventurière et relata en 1965 avec force détail la vie sur les rives du Nil dans "Les mystères de l'Égypte dévoilés" après un séjour de plusieurs mois en Orient.

Elle souligne le manque de discernement du Pacha, et son absence de maîtrise de ses dépenses mais reconnait à Bravay le rôle quasi unique d'homme loyal du Pacha. Elle écrit : « Malgré sa mobilité de caractère et le mauvais état où étaient constamment ses finances, vu ses prodigalités, peut-être ce prince aurait fait autre chose que de beaux et utiles projets pour son pays s'il avait été mieux entouré, s'il avait eu plusieurs hommes capables et dévoués près de lui. Malheureusement il n'avait que M. Bravay, qui, intelligent, ayant un esprit profond et solide, pouvait bien le conseiller. Tous les autres, d'abord peu instruits, encore moins capables, ne songeaient qu'à l'exploiter, sans se préoccuper de son intérêt ni de celui de ce pays. Il désirait vivement civiliser l'Égypte, la rendre semblable à la France par ses sages institutions. Ami du progrès, il rêvait de lui donner ses lettres de naturalisation dans cette contrée. Mais que peut faire le souverain le plus désireux de bien faire, quand il est entouré d'une foule inintelligente, rapace, qui ne songe qu'à piller? C'est triste à constater, et cela doit manquer de charme pour ces pachas d'Égypte. Mais les ministres, les employés, les favoris, ne sont mus que par un sentiment, celui de faire promptement une grosse fortune. Cet état de choses décourageait profondément le pacha dans certains moments; puis, sa mobilité de caractère prenant le dessus, il songeait à un mobilier à acheter, à une nouvelle construction à faire. On peut dire que M. Bravay a été à peu près le seul homme utile au pacha par son intelligence et ses conseils, et le seul qui lui ait été sincèrement dévoué, puisqu'il a même été le seul près de son lit d'agonie, le seul qui l'ait accompagné à sa dernière demeure. Saïd-Pacha avait une estime et une affection toutes particulières pour M. Bravay. Il avait su apprécier l'intelligence, l'esprit pratique, et la nature franche et loyale qui distinguent cet homme, qui est autant aimé presque en Égypte que dans son département, ce qui n'est pas peu dire, car l'on sait avec quelle persistance le Gard l'a réclamé pour député! Si l'âme de ce bon pacha a pu, de l'autre monde, voir ses dépouilles mortelles portées en terre comme elles l'ont été, s'il a pu voir tous ces gens qu'il avait gorgés d'or l'abandonner lâchement sur son lit de douleur pour aller faire leur cour à son successeur, il a dû alors surtout les juger à leur juste valeur et se convaincre que la reconnaissance est lettre morte dans le cœur de certains hommes.»

Olympe Audouars souligne également le rôle de Bravay dans la défense des intérêts français : « La colonie européenne, en Égypte, est divisée en deux camps très distincts, le camp anglais et le camp français. Ils se font une guerre acharnée, chacun veut arriver à avoir la prépondérance sur l'autre. Les Oppenheim sont en tête du camp anglais; ils disent hautement « Tous les produits, toutes les machines françaises, c'est de la pacotille. Hors l'Angleterre pas de salut! ... »

« Le camp français a en tête M. Bravay. M. Bravay est patriote enragé; tout ce qui est français trouve en lui un zélé défenseur, un chaud protecteur. Il a fait tout au monde pour arriver à ce que la colonie française ne fût pas écrasée par l'anglaise, pour maintenir l'influence de notre pavillon dans la patrie des Pharaons il y est arrivé du reste. Sans lui, je ne sais trop ce que deviendraient nos Français habitant l'Egypte !...

« C'est lui qui a constamment défendu nos intérêts près des vice-rois Saïd et Ismaïl ; c'est lui qui a fourni les moyens, la possibilité, et souvent l'argent nécessaire, à bien des maisons françaises en Égypte, pour pouvoir lutter contre les maisons anglaises. Chaque Français a toujours trouvé en lui un ami serviable, un protecteur bienveillant. Aussi M. Bravay est-il très aimé de tous ses compatriotes en Égypte il est vrai que la colonie anglaise le déteste fort, en retour. Au moment de son élection comme député du Var, cette haine s'est traduite par des articles calomnieux dans bien des journaux, dont, du reste, le bon sens français a fait promptement justice. »

Il fait également venir cinq cents gardois, et quelques ardéchois, en particulier le peintre Clément, qui a laissé en Egypte différentes toiles qu'il peint pour les proches du Pacha. Il aide très largement ses compatriotes à s'installer et n'hésite pas à leur prêter de l'argent sans faire de distinction très nette entre le prêt et le don.

Plus largement, François est très actif pour développer les intérêts français en Egypte, le plus souvent au détriment des anglais. Chaque français en Egypte peut compter sur lui pour se faire l'interprète de ses souhaits auprès du vice-roi.

De nombreux éléments factuels attestent en effet de l'aide (souvent désintéressé) de Bravay en faveur des Français.

Entre autres, Auguste Mariette, qui est avec Champollion l'un des deux pères fondateurs de l'égyptologie nous laisse ce témoignage dans une lettre à un ami datée de 1865 montant comment il était revenu dans les petits papiers du Pacha : « Grâce au ciel et à M. Bravay, ma brouille avec le vice-roi est enfin terminée et je suis rentré en pleine faveur. Une explication a eu lieu entre le vice-roi et moi à Alexandrie, et c'est là qu'à mon grand étonnement, j'ai appris que toute ma mésaventure était due à notre ami***, qui m'avait dépeint auprès du vice-roi comme un homme odieux, ennemi de l'Egypte (...) Comme vous le pensez bien, je n'ai pas eu beaucoup de peine à faire revenir le vice-roi sur ces étranges accusations, et aujourd'hui la paix est faite. »

Bravay reçoit fastueusement à Alexandrie dans sa villa du Mahmoudiéh, du nom du canal qui amène les eaux du Nil, voulu par Méhémet-Ali et reprenant l'antique branche canopique du Nil, celle qui rejoint Canope sur la Méditerranée.

Villa sur le Canal Mahmoudieh

Les jardins de Bravay rivalisent avec ceux des Pastré, ses voisins et alliés, pour leur beauté luxuriante. Selon une description de G. Delchevalerie en 1869, ils étaient tracé, partie à la française, partie à l'arabe. Autour de la maison, située au milieu du jardin, une magnifique rotonde de Solanum fleuri de huit mètres de hauteur entourait un bassin de plantes aquatiques.

Cette maison est réquisitionnée par Saïd Pacha pour accueillir le Prince de Galles, futur Edouard VII, en 1862. Le Vice-Roi fait livrer deux lits en argent ciselé que Bravay peut ensuite conserver. Certains affirment que le Pacha avait acheté cette maison et la rendit ensuite à Bravay sans contrepartie : c'est une des nombreuses légendes invérifiables qui expliquent l'enrichissement de Bravay par la folie dépensière de Saïd Pacha.

Ses fonctions consulaires, indissociables de son activité commerciale, amènent François Bravay à rencontrer Ferdinand de Lesseps et à défendre, concurremment au canal de Suez, un tracé alexandrin du canal à écluses imaginé par Paulin Talabot (qui fut son collègue, député du Gard) et utilisant l'eau du Nil. Ce projet était moins coûteux car exigeant moins que l'immense opération de terrassement du canal effectivement réalisé (74 millions de m3 de terre).

Bravay vit bien sûr somptueusement dans cet orient féérique. Le couple eut la joie de fêter la venue au monde de leur fils Fernand, le 14 octobre 1854. Ma grand-mère me racontait que Saïd Pacha avait offert un berceau en argent massif à cette occasion de la naissance de son père. Il reçut également un train en modèle réduit qui était suffisamment grand pour que l'enfant puisse monter dedans.

Tracé alternatif : Sur ce document, un canal d'eau douce relie le Nil au niveau du Caire à la mer Rouge.

# 7. Le retour triomphal en France

Ayant réussi au-delà de toute espérance sa vie en Egypte', il veut revenir s'installer en France en particulier pour s'occuper de sa mère. Son installation a lieu en 1861. Dès lors, il se partage entre Egypte, Paris et la Provence. Il était à la tête d'une fortune immense. Selon certaines sources, elle se serait élevée à treize millions de franc-or, ce qui représenterait aujourd'hui un pouvoir d'achat supérieur à 30 millions d'euros mais l'inventaire au moment de son décès chiffre ses dépenses à 90 millions de fr.

Cette fortune colossale (même s'il est difficile de la chiffrer) amenée en France d'un Orient fantasmé va naturellement faire bien des jaloux, attirer bien des convoitises et déclencher de nombreuses légendes à son sujet.

En arrivant en France, Bravay veut d'abord se venger des avanies du passé à Pont Saint Esprit, et consoler sa mère de lite de leur quincaillerie.

Il commence par payer rubis sur l'ongle les créanciers de la faillite Veuve Bravay ce qui provoque une stupéfaction intense : le 27 juin 1860, les créanciers de la faillite Bravay mais aussi ceux de la faillite Boisson reçoivent une lettre concernant ces événements vieux de vingt ans, et quelques mois plus tard est distribuée, proportionnellement aux droits de chaque créancier, une somme de quatre-vingt-six mille francs, représentant le capital de la dette et les intérêts courus depuis l'origine.

Il rachète également le domaine du Colombier à Pont Saint Esprit, qui appartenait à son grand-père paternel, et qui au moment de la faillite, était passé en d'autres mains.

Il entreprend de transformer la ferme en château : le château du Colombier, que l'on voit sur la carte postale ci-dessous. Avec son toit en forte pente et ses deux tourelles, le style est plus caractéristique du nord de la France que de la Provence, mais il fait effet sur les spiripontains. Ce château a été récemment rénové, sous le nom de Troisoleil Castle, lui gardant son aspect clinquant.

Château hier (carte postale) et aujourd'hui

Comme l'indique la carte postale, il sera un grand bienfaiteur de la ville de Pont–Saint-Esprit qu'il couvre de sa bienfaisance. Sa générosité s'exprime largement auprès des nécessiteux et en particulier auprès de la paroisse de sa ville et de l'église proche de Carsant.

Bravay, le bâtisseur, pense aussi à sa renommée après sa mort. Il fit bâtir au centre du cimetière de la petite ville de Pont-Saint-Esprit un mausolée gothique qui domine toutes les autres tombes. FAMILLE BRAVAY est sculpté sur le fronton.

Caveau « Famille Bravay » (Crédits O Sentis)

Il repose aujourd'hui dans ce caveau de 23 places avec son fils Fernand, (né en 1854 à Alexandrie, décédé à Marseille en 1932) qui fut commissaire-priseur à Avignon puis à Alger, directeur du journal Le Sémaphore algérien, « organe de la marine, du commerce, de l'industrie, de l'agriculture et des travaux publics ».

Buste de Fernand Bravay (Crédits O Sentis)

La générosité du patriarche s'exprime encore dans une plaque à l'initiative de François Pierre, fils de Fernand : « François Pierre Bravay et la ville de Pont-Saint-Esprit pensent interpréter la pensée de François Louis Bravay en offrant un asile aux défunts de Pont-Saint-Esprit qui n'ont plus de famille. Que dans cette dernière demeure, ils reposent en paix »

Aujourd'hui, le nom de Bravay est très connu des spiripontains et sa tombe est la plus fleurie du cimetière en raison des personnes accueillies dans le caveau.

Bravay, après avoir installé son frère au Château du Colombier, achète également le château de Belle-Eau, non loin de là, entre Malataverne et Donzère.

Ce château, bâti au XVIIIe siècle, de construction quadrangulaire massive à trois étages, était la résidence d'été de Mgr Sébastien Sibour, archevêque de Paris.

Mgr Sibour avait créé une superbe demeure dans un endroit idyllique. Jules Lecomte, un des journalistes les plus en vue de cette période, décrit dans Le Monde illustré le cadre enchanteur du domaine avec une belle avenue ombragée d'arbres centenaires, des jets d'eau, son lac de montagne. « De vertes pelouses, des bouquets d'arbres et d'arbustes, des corbeilles de fleurs avaient adouci ce que ce site eût pu avoir de trop sévère; des sapinettes, des chemins gazonnés entre des cèdres, des pins, des thuyas étaient venus varier les teintes de la verdure et la physionomie des massifs. Mais le destin frappa le bienfaisant archevêque qui décéda sous les coups de couteau d'un prêtre dérangé le 3 janvier 1857. Ce crime dans l'église Saint Etienne du Mont avait étendu sur ces lieux son influence sinistre. L'herbe avait cru dans les allées, la ronce dans les bois et la fougère dans les gazons. »

En réalité, François Bravay rachète ce château le 29 septembre 1856 soit quelques mois avant le décès tragique du prélat. Il va non seulement lui redonner son lustre de la période des Sibour mais le plonger dans le luxe.

Il y reçoit somptueusement Saïd Pacha, souverain d'Egypte, lors de son voyage en France. Au retour d'une visite officielle à Paris, auprès de Napoléon III, le train du Pacha s'arrête à la gare de Donzère, le 25 août 1862. Bravay l'accueille et le conduit entouré des autorités locales et d'une foule immense vers son château orné aux couleurs du vice-roi. La nuit, trente milles lampions éclairent la fête animée par la musique d'opéra d'une grande vedette parisienne, Carvalho. De nombreuses personnalités sont invitées, en particulier Frédéric Mistral et Hector Berlioz. Les feux d'artifice et les banquets sont prévus pour accueillir une foule enthousiaste de donzérois et de gardois spécialement acheminés par Bravay. Le journal de Montélimar relate à ses lecteurs : « le monarque oriental était là, au milieu des principaux personnages de sa cour, dans toute la pompe d'une magnificence qui le rendait semblable aux bons génies des conteurs arabes ».

Bravay fait planter un cèdre du Liban ce jour—là pour commémorer les trois jours du Pacha égyptien à Belle-Eau.

Réception de S. A. le vice-roi d'Égypte au château de Belle-Eau (Drôme). — D'après un croquis de M. E. Alogre.

Château et loges d'entrée en 2017 (crédits O Sentis)

Ci contre : Gravure représentant la réception de son Altesse vice-roi d'Egypte au château de Belle Eau (d'après un croquis de M.L. Alègre). Au 1er plan, le cortège de landaus s'avance entre deux rangs de spectateurs, vers un arc de triomphe aux couleurs du souverain. Au 2e plan à gauche les loges de la grille d'entrée portant des oriflammes et le château de Belle Eau ; à l'arrière-plan, à droite, la colline de Montchamp.

## 8. Sa carriere politique

Le plus fort désir de Bravay, après avoir exposé sa richesse dans ses acquisitions immobilières, est d'embrasser une carrière politique.

Il se montre très généreux dans le canton du Gard qu'il vise, n'hésitant pas à offrir de nombreux banquets à ses électeurs : les restaurants, les cafés et les cabarets étaient ouverts à tous ceux qui s'engageraient à voter pour François Bravay.

Il est élu conseiller général, en 1862, à peine installé en France, dirigeant sa campagne le plus souvent à partir de l'Egypte, grâce à son frère Emile qui le seconde.

Après avoir racheté la résidence de Sibour, il va continuer à entamer le puissant ascendant de cette famille sur la région en ayant pour adversaire à cette élection un autre membre de cette famille, M. Bonnefoy Sibour, maire de Pont-Saint-Esprit. Les partisans de celui-ci, scandalisés par cette campagne dépensière, l'ont accusé de fraude électorale. Il lui a été aussi reproché d'avoir menacé de révocation les maires et gardes champêtres en cas de mauvais vote et d'avoir promis de grands travaux d'utilité publique.

La manière dont il obtint les suffrages lui vaut en effet quelques soucis. Il est convoqué devant le tribunal correctionnel d'Uzès, ce qui l'amuse : « je suis étonné de me voir offrir un siège en correctionnelle après en avoir obtenu un au conseil Général ». Peu avare de bons mots,

Bravay justifie ainsi le fait d'avoir offert de nombreuses tournées dans les tavernes à ses électeurs : « Il n'y a pas d'élections altérées mais simplement des électeurs altérés ». Ce fut aussi l'occasion pour son avocat, Me Nogent Saint-Laurens, ténor du barreau de Paris et député, de rappeler les services qu'il rendit à la France : « En Angleterre, on l'aurait fait baronnet ».

Ni l'humour ni la défense talentueuse ne lui évitent une condamnation à 300 fr. d'amende pour lui et à 100 fr. pour son frère Emile, au motif d'avoir acheté des voix. Fièrement, Bravay fait appel devant la cour de Nîmes et gagne l'acquittement.

Cette aventure ne l'empêche pas de viser plus haut et de se faire élire député du Gard, avec la même machine électorale en juin 1863. Il se présente sous l'étiquette de la majorité dynastique (en faveur de l'Empereur) avec l'assentiment du Préfet du Gard.

Bravay fait sa campagne sur la création d'un canal acheminant l'eau du Rhône à Nîmes en passant par le Pont du Gard. La question de l'eau pour Nîmes était cruciale. Depuis le début du XVIIIe siècle, le développement de la ville, des industries textiles et de teinture impose une nouvelle adduction d'eau. Les romains en l'an 50 avaient fait venir l'eau de la source d'Eure près d'Uzès en construisant de nombreux ouvrage d'art dont le merveilleux Pont du Gard. On pouvait au XIXe s. reprendre le même tracé mais un projet alternatif est de puiser l'eau du Rhône très en amont et de rejoindre le tracé romain au Pont du Gard après construction d'un ouvrage de plus de 100km. Ce projet a l'avantage de pouvoir irriguer une grande partie du département du Gard. De ce fait, il jouit du soutien actif du Préfet, bras armé local du gouvernement. Bravay est partisan de ce tracé Pouzin- Pont du Gard- Nîmes. Son coût lui semble de fait dérisoire par rapport aux options à l'étude pour Suez.

Il a déposé la somme de 600.000 fr. pour la souscription de 12000 actions de la Cie des Eaux de Nîmes. La compagnie n'ayant finalement pu se constituer, Bravay est remboursé le 29 avril 1864, soit un mois avant l'élection. Il fait néanmoins comme si le projet pouvait toujours se réaliser. Dans les différents journaux, il se garde de promettre l'exécution du canal mais s'engage à mettre tous les moyens pour le bonheur de la circonscription...

Le Préfet est un fervent partisan de M. Bravay. Il indique au bureau du Corps Législatif: « Vous pouvez casser quatre fois l'élection de M. Bravay, je vous le renverrai quatre fois ». Selon un député, le journal de la préfecture présente M. Bravay comme un Moïse, qui tient une baguette à la main et va faire jaillir les eaux du rocher. Le Préfet a adroitement modifié la circonscription visée par Bravay pour lui rattacher Nîmes. Par ce petit « charcutage », la circonscription est prête à s'offrir à celui qui lui donnerait l'eau.

Cinq jours avant la date du vote, le 26 mai 1863, Bravay fait récupérer la Vogue, la fête traditionnelle du Pont du Gard, et la transforme en fête de lancement des travaux. La fête somptueuse est payée par Bravay (en son absence) et au milieu des farandoles, les Gardois scandent son nom. Le correspondant du journal le Nord relate ainsi : « vingt mille personnes assistaient à la cérémonie ; c'était l'élection anticipée de M Bravay ». Un tunnel et une belle tranchée sont percés pour inaugurer les travaux. On peut aujourd'hui encore les découvrir facilement sur la rive gauche du Gardon juste en face du sommet l'aqueduc.

Tunnel et tranchée Bravay (crédits O Sentis)

Le Corps Législatif s'émeut des conditions de l'élection de Bravay et celle-ci est annulée comme entachée de faits de corruption. Il se fait réélire au nouveau scrutin qui a lieu en janvier 1864. Les opérations électorales de la 2e circonscription du Gard donnent lieu alors à un débat assez vif et très médiatisé à l'Assemblée le 19 février 1864. Il lui est reproché l'introduction frauduleuse de bulletins à Nîmes, des irrégularités dans les émargements et même la disparition de l'urne à Salazac. Mais on rappelle principalement les événements du Pont du Gard.

Durant ces débats qu'il convient de restituer en se référant aux Annales du sénat et du corps législatif (équivalent du Journal Officiel), un député dénommé Pelletan vient alors dénoncer avec humour la duplicité du gouvernement dans cette élection : « il y a un absent que je veux restituer à la discussion, car par sa présence il pourra éclairer le débat. Cet absent, c'est le préfet du Gard. La deuxième élection est solidaire de la première; vous ne pouvez bien la juger qu'en vous reportant au scrutin du 1er juin dernier. Que s'est-il passé alors? Le gouvernement avait maintenu la candidature officielle de l'honorable M. Chabanon, votre ancien collègue. Mais M. le préfet du Gard couvait au fond du cœur une autre candidature, c'était la candidature de M. Bravay, et, dans l'intérêt de son protégé, il avait modifié la circonscription électorale d'Uzès; il en avait détaché la partie la plus intéressée à la création du canal des eaux du Midi. Et ainsi le département du Gard donnait ce singulier spectacle d'un candidat agréé par le gouvernement et d'un candidat agréable au préfet. Cette candidature à deux têtes, l'une officielle, l'autre officieuse, l'une patente, l'autre occulte, ressemblait en quelque sorte à ce qu'on appelait autrefois une reine de la main droite et une reine de la main gauche; toute l'étiquette était pour la reine en titre, mais toute la réalité était pour Mme de Pompadour » (Rires et interruptions diverses).

« ... Or, pendant que l'infortuné M. Chabanon (Hilarité) promenait mélancoliquement sa candidature officielle honoraire de commune en commune, et ne trouvait partout sur son passage que des maires distraits et des gardes champêtres indifférents... (Nouvelle hilarité), M. Bravay trouvait partout, au contraire, l'accueil empressé et le sourire complaisant de toute la hiérarchie champêtre. On voyait dans sa candidature la figure vivante du canal » (On rit).

« Mais voici qu'au milieu de la campagne électorale, un ingénieur indiscret vient déclarer que la Compagnie des eaux du Midi n'est pas sérieuse, que le capital n'est pas réalisé et que le projet n'est pas réalisable. C'était le coup de mort porté à la candidature de M. Bravay... Alors que fit-on? On voulut répondre à une critique par une manifestation, et on alla en grande pompe au Pont du Gard inaugurer solennellement un canal qui n'était pas autorisé, au nom d'une Compagnie qui n'était pas formée, sur un terrain qui n'était pas acheté...»

Enfin M. Bravay a la parole. Il entreprend avec une émotion très vive sa défense personnelle, parle des « envieux », des « ennemis », que lui avait faits sa fortune, - un succès, dit-il, ne s'obtient pas impunément,- et il termine par ces paroles : « Comment me suis-je présenté? Comme un homme du gouvernement... En 1846, j'ai vu, en Egypte, le drapeau français traîné dans la boue et personne n'a demandé satisfaction. En 1848, j'ai entendu de loin les cris de joie de la République, et j'ai vu que les populations du Levant en avaient peur. Est venue la présidence, et aussitôt j'ai vu les figures souriantes et heureuses. Enfin est arrivé l'Empire et quand j'ai vu le drapeau de la France élevé si haut, j'ai été fier d'être Français.»

A la majorité de 108 voix contre 80, l'élection de M. Bravay est annulée. Pour la troisième fois (29 mai 1864), il se fait réélire (triomphalement) et est définitivement admis à la session de 1865 au sein du groupe parlementaire de la majorité dynastique.

Un de ses amis, Alfred Blanc, maire de Suze-la Rousse, proche de Donzère et Pont saint Esprit, publie à cette époque en 1865 un petit opuscule de 30 pages intitulé « Les Crimes de Bravay ». Ce petit ouvrage "écrit fébrilement" utilise un ton emphatique pour défendre Bravay à cette période où il est très décrié. Blanc a produit quelques inexactitudes qui se sont propagées dans d'autres ouvrages. Il écrit en particulier "ma mère est né à Viviers" alors qu'elle est née Vivier à Pont Saint Esprit.

Pendant toute cette période, Bravay reçoit avec faste dans son hôtel particulier rue Royale Saint Honoré puis 16, Boulevard Malesherbes, immeuble haussmannien classique construit à l'époque de la création du boulevard en 1861. (L'inauguration par Napoléon III le 13 août de cette année est resté un événement mémorable). Dans ce second empire triomphant, il régnait chez Bravay, une atmosphère de fête permanente que sa générosité ouvrait largement. Ses cigares, en particulier, étaient fort appréciés.

Les numéros 8 à 16 en 1877 et le numéro 16 en 2017. (crédits O Sentis)

## 9. Sa relation avec Ismaïl Pacha

En février 1863, peu de temps après son séjour à Paris puis à Belle Eau, Saïd Pacha décède en Egypte, à Mariout. Bravay est présent et il est un des seuls à veiller le mourant et à l'accompagner jusqu'à sa dernière demeure tandis que la meute de ses courtisans s'est envolée pour se prosterner devant son successeur et neveu, Ismaïl. Ce dernier a élégamment organisé son intronisation à l'heure même de l'enterrement de son prédécesseur : personne hormis Bravay n'assista à l'enterrement de peur de déplaire au nouveau souverain.

Les affaires de Bravay avec le nouveau vice-roi d'Egypte Ismaïl Pacha sont passablement plus compliquées. Ses séjours en France l'ont empêché de défendre ses positions en Egypte et il est challengé par une « camarilla » d'intrigants avec comme leaders les banquiers Oppenheim et Dervieu.

Olympe Audouard raconte que ces « néo-dévorants » avaient formé un cordon sanitaire autour du pacha et l'exploitaient tel une poule aux œufs d'or d'Égypte jusqu'à ce que le Vice-Roi condamne sa porte à tout ce monde-là.

« Le Pacha vivait isolé, n'ayant appelé près de lui qu'un homme qui est fort aimé en Egypte, parce qu'il n'est point envieux, qu'il est toujours prêt à rendre service. Il s'appelle M. Bravay. Cet homme, le même qui était l'ami de Saïd-Pacha, est tout dévoué au vice-roi actuel mais, comme il l'est aussi au pays et qu'il ne conseille que des choses utiles et bonnes, chacun lui rend justice, sauf pourtant les néo-dévorants.

« Ce que j'ai entendu dire de M. Bravay me l'a rendu sympathique, car cela m'a prouvé que ce n'était point un vil courtisan, un homme avide de s'enrichir, mais une nature franche, loyale, un esprit vif, enjoué et une grande intelligence. Du reste, né dans la classe moyenne de la société, il est l'enfant de ses œuvres ; par son intelligence, son activité, il est parvenu à se faire une grande fortune.

M. Bravay était donc le seul en faveur, tous les autres étaient aux abois. »

Bravay avait été, à cette époque, partie prenante d'une affaire diplomatique grave et de portée internationale. Pendant la guerre de sécession américaine, les puissances européennes affichaient une certaine neutralité vis-à-vis du Nord (l'Union) et du Sud (les Confédérés) mais continuaient leurs relations commerciales, en particulier dans l'armement des deux partis. Cette neutralité était teintée d'une préférence pour le Nord mais les Puissances attendaient qu'ils prennent l'avantage pour les soutenir. Elles pouvaient également préférer avoir de l'autre côté de l'atlantique deux républiques au lieu d'une grande puissance.

Une des stratégies de l'Union était de gagner grâce à un blocus naval. L'ambassadeur de Washington au Royaume-Uni, Charles Francis Adams, demandait à la Grande Bretagne d'empêcher que des cuirassés construits sur leur sol soient livrés aux confédérés. Leur attention se fixa sur deux frégates construites dans les chantiers navals de Liverpool. Washington ordonna à Londres de les saisir. Face à la sourde oreille des anglais, Adams menaça de façon inédite le gouvernement de sa Majesté : « Alors, c'est la guerre » dit-il.

Bravay était une pièce importante de cette affaire : les frégates lui appartenaient et il affirmait qu'il en avoir reçu commande oralement par Saïd Pacha mais que son successeur n'avait pas reconnu cette acquisition. Les deux frégates portaient des noms égyptiens, El Monassir et El Tousson.

Dans cette affaire des « Laird Rams », Bravay jouait ainsi le rôle de la couverture égyptienne. L'affaire se dénoua avec le rachat par la Royal Navy de ces frégates en lieu et place de leur livraison aux confédérés.

HMS Wivern en 1865 (ex-El Monassir qui aurait dû s'appeler Mississipi si elle avait été livrée aux Confédérés)

Bravay est écartelé entre son engagement de député et ses attaches égyptiennes. A la Chambre, il semble s'ennuyer, les autres députés lui adressent peu la parole, à l'exception de Me Nogent Saint-Laurens, son ami avocat qui l'a défendu. Il goûte finalement peu à la vie politique.

En 1865, le choléra se déclare en Egypte. C'est une terrible maladie qui fit 10.000 morts entre juin et septembre uniquement à Alexandrie et Le Caire et 61.000 dans tout le pays. Une véritable panique saisit la population européenne et 30.000 personnes quittèrent le pays du 15 juin au 15 juillet. Bravay, lui, n'hésita pas un instant, il partit en Egypte en laissant les affaires de la Chambre.

Arrivé à Alexandrie, il établit des hôpitaux et soigna les malades, ce qui lui valut une grande popularité.

Dans le courant de 1869, insatisfait de la vie politique parisienne, il donne sa démission de député.

La défaite de Sedan, en 1870, permit au Pacha de prendre ses distances avec la France et signifia en conséquence la disgrâce définitive de Bravay.

En 1872, ses affaires sont moins rémunératrices. Pourtant, son train de vie, sa générosité et bien sûr la cour de quémandeurs qui lui pillent sa fortune, sont toujours présents comme dans les belles années. Aussi, sa fortune fond à vue d'œil. Il ressent le besoin de demander de l'aide à ceux qu'il a aidés, mais ceux –ci lui tournent le dos.

Scandalisé par ce manque de reconnaissance, il insiste pour récupérer les prêts d'honneur qu'il avait faits à des compatriotes du temps de son immense richesse : en janvier 1863, il avait prêté à un certain Bouyer 209.000 piastres turques (soit 50.000 fr.) en comptant sur l'honneur de ce dernier pour les lui rendre lorsque sa situation irait mieux. Mais Bouyer n'avait pas la reconnaissance dans le cœur et prétexta devant les tribunaux que sa situation n'était toujours pas rétablie et qu'il ne lui devait rien malgré sa réelle réussite. Cela illustre la naïveté et la générosité de Bravay qui donne en ayant pour seule garantie que le débiteur « sur sa conscience » remboursera « s'il revient à meilleure fortune ».

François Bravay est maintenant ruiné. Il hypothèque le Château du Colombier et revend le Château de Belle-Eau à Salomon Beleys, un riche banquier, le 15 mai 1874.

Cela ne suffit pas à éponger ses dettes et Bravay mourra, aveugle et sans ressources à Paris, le 7 décembre 1874. Ses obsèques furent célébrées dans l'église de la Trinité. Sa dépouille fut déposée dans le caveau de l'église avant d'être transportée dans le cimetière de Pont-Saint-Esprit.

Le vice-roi mit néanmoins la veuve Bravay à l'abri de la gêne en lui assurant une rente perpétuelle de huit mille francs. Elle décédera six ans plus tard à Asnières.

## 10. Sa renaissance

Sa mort n'a duré qu'un temps, car, trois ans après celle-ci, Alphonse Daudet publia son roman Le Nabab dans les colonnes du Temps, en feuilleton d'abord, du 12 juillet au 21 octobre 1877, puis sous les presses de Charpentier. La parution du Nabab sous-titré « Roman de mœurs parisiennes » est un énorme succès. Le 23 novembre 1877, lendemain de la mise en vente, il est déjà parti onze mille exemplaires du livre. Cinq jours après sa parution, il en est à sa sixième édition. Une pièce en sept tableaux en est même tirée (il s'agit d'une mise en scène par Pierre Elzéar de sept extraits du livre) et est représentée pour la première fois sur le théâtre du Vaudeville le 30 janvier 1880.

L'auteur changea bien sûr les noms et déplaça les scènes : Jansoulet (Bravay) devint originaire de Saint-Andreou et conquit sa fortune à Tunis en briguant son élection à Nîmes. Mais les journalistes ont tôt fait de décrypter ce roman à clés et de reconnaître dans le Duc de Mora le duc de Morny, dans Felicia Ruys Mme Sarah Bernhardt, et dans Jansoulet notre homme. Un scandale fut déclenché et chacun de hurler à la diffamation.

Le journaliste Périvier dans le Figaro du 5 janvier 1878 écrivit : « l'auteur de ce roman (…) est le compatriote de Bravay, qui ne lui fut pas inutile à son entrée dans le monde parisien où depuis M Alphonse Daudet a pris une place si distinguée ». Le jour même, Daudet répliqua : « Quant à moi, monsieur, s'il est vrai que j'occupe dans le monde une situation aussi distinguée que M. Perivier veut bien le dire, ce n'est pas à François Bravay que je le dois. Je ne l'ai vu que deux fois dans ma vie : juste le temps de le juger, de le plaindre et de le peindre». Adrien Bravay, le frère de notre député riposta : « Cela fait beaucoup plus d'honneur à sa perspicacité qu'à son cœur ».

Si Daudet répond si vite, c'est que Périvier, qui est le journaliste phare de cette période, a touché juste : il nous faut donc répondre à deux questions : la première est le lien entre Bravay et Daudet, la seconde est ce que doit Daudet à Bravay pour sa situation.

Il n'a jamais été souligné, et c'est un tort, la proximité des familles Bravay et Daudet. Si on doit admettre, car Daudet le dit, qu'ils ne se sont vus directement que deux fois, nous avançons ici d'autres éléments. Outre leur origine provençale commune, Adrien Bravay avait été le secrétaire de Daudet et le frère de ce dernier, Ernest, était le secrétaire de Bravay, ce qui explique la connaissance par Daudet de la saga Bravay.

Daudet précisa son point de vue dans la réédition de 1879 dont le titre indique « avec une déclaration de l'auteur ». Ce que les éditions ultérieures renommèrent préface est lourd de signification : il souligne les liens étroits entre les deux familles, le caractère romanesque de la vie de Bravay mais aussi la sympathie et le respect qu'il a pour l'homme. Enfin, il défend le droit à l'imagination du romancier et il se défend ainsi des attaques en ingratitudes : «Le romanesque d'une existence éblouissante et rapide, traversant en météore le ciel parisien, a évidemment servi de cadre au Nabab, à cette peinture des mœurs de la fin du Second Empire (…) J'ai connu le vrai Nabab en 1864. J'occupais alors une position semi-officielle, secrétaire du Duc de Morny, demi-frère de Napoléon III, qui m'obligeait à mettre une grande réserve dans mes visites à ce fastueux et accueillant Levantin.

Plus tard, je fus lié avec un de ses frères, mais à ce moment-là, le pauvre Nabab se débattait au loin, dans des buissons d'épines cruelles et on ne le voyait plus à Paris que rarement. Du reste il est bien gênant pour un galant homme de compter ainsi avec les morts et de dire : « Vous vous trompez. Bien que ce fût un hôte aimable, on ne m'a pas souvent vu chez lui. » Qu'il me suffise donc de déclarer qu'en parlant du fils de la mère Françoise comme je l'ai fait, j'ai voulu le rendre sympathique et que le reproche d'ingratitude me paraît de toute façon une absurdité. Cela est si vrai que bien des gens trouvent le portrait trop flatté, plus intéressant que nature. À ces gens-là ma réponse est fort simple : « Jansoulet m'a fait l'effet d'un brave homme ; mais en tout cas, si je me trompe, prenez-vous-en aux journaux qui vous ont dit son vrai nom. Moi je vous ai livré mon roman comme un roman, mauvais ou bon, sans ressemblance garantie. »

L'évocation du « fils de la mère Françoise » est touchante. Daudet connaît personnellement la mère de Bravay et il la dépeint avec tendresse dans le Nabab en lui gardant le même prénom : Françoise est la mère de Jansoulet. Dans ce Roman, le secrétaire de Jansoulet appelle la mère de son patron par son prénom : pourquoi si ce n'est pour indiquer que les deux frères l'appelaient Françoise, ce qu'il exprime à nouveau publiquement dans la Préface alors que, pourtant, il veut souligner qu'il ne connaît pas Bravay.

Ernest Daudet analyse encore dans « Mon Frère et moi » en 1882, ses relations avec François Bravay, il sait que Fernand Bravay, le fils de François, chercha à se battre en duel avec Daudet : un échange houleux eut lieu dans un restaurant d'Avignon, le Rich Taverne mais sans véritable duel. Ernest Daudet admire Bravay, loue ses qualités de générosité et déplore la rapacité des quémandeurs. Il défend néanmoins la caricature de son frère.

« Un de mes amis me conduisit chez « le Nabab », c'est-à-dire chez François Bravay. Cet excellent homme arrivait d'Égypte et se présentait aux électeurs de l'une des circonscriptions du Gard. Pour assurer le succès de sa candidature, il avait promis aux populations de ces contrées un canal d'irrigation qui devait fertiliser leur sol, stérilisé par le manque d'eau. Cette promesse fut jugée plus tard par le Corps législatif comme une manœuvre électorale dont le souvenir pesa toujours sur François Bravay, même lorsque, après deux invalidations successives, élu pour la troisième fois, il força les portes du Palais-Bourbon. Elle était pourtant sincère. Il l'avait rendue effective en versant un million, en belles espèces sonnantes, pour pourvoir aux dépenses des premiers travaux. Il connaissait mes relations avec les journaux de Paris; il me demanda de soutenir sa candidature. Puis, quand il eut été élu, porté à la Chambre par l'enthousiasme des populations qu'excitaient sa réputation de millionnaire et sa générosité, servies par une parole chaude, fruste comme sa personne, mais bien faite pour être comprise par des « ruraux », il me proposa de devenir son secrétaire politique. J'acceptai et n'eus pas à m'en repentir. Je n'ai pas connu de plus honnête cœur. C'est un de mes regrets de n'avoir pas possédé l'influence nécessaire pour lui imposer mes conseils et lui faire comprendre combien valaient peu quelques-uns de ceux qui l'entouraient.

Ses fréquents voyages en Egypte, l'emballement de son existence toujours tiraillée entre les solliciteurs et les besoins d'argent créés par leurs exigences, faisaient le plus souvent de ma fonction près de lui une véritable sinécure».

« Mais, tant qu'il est resté député, il ne me l'a jamais rappelé; il s'est toujours souvenu de l'ardeur avec laquelle j'avais embrassé ses intérêts. Parmi mes amis, il est un de ceux à qui je me suis le plus passionnément dévoué et je n'ai jamais cessé de croire qu'il était digne d'inspirer cette sympathie. Son malheur a été, parti de très bas, de s'être enrichi trop vite par des procédés familiers à tous ceux qui sont allés chercher fortune en Orient, d'être revenu en France sans rien savoir de Paris ni du milieu nouveau dans lequel il allait vivre et où, pour cette cause, il devait se ruiner aussi vite qu'il s'était enrichi là-bas.

« Le portrait que mon frère Alphonse a tracé de lui, dans ce livre inoubliable, ne me laisse rien d'autre à dire, si ce n'est qu'en parlant de l'exquise bonté de cette âme toute naïve, en dépit des apparences contraires, l'auteur du Nabab n'a rien exagéré.

Pour ceux qui ont connu et aimé François Bravay, le roman dont il est le héros est l'œuvre la mieux faite pour rendre hommage à sa mémoire et la venger de calomnies ineptes. Il suffit pour s'en convaincre de lire la dernière phrase « Ses lèvres remuèrent, et ses yeux dilatés, tournés vers de Géry, retrouvèrent, avant la mort, une expression douloureuse, implorante et révoltée, comme pour le prendre à témoin d'une des plus grandes, des plus cruelles injustices que Paris ait jamais commises.» Comment donc se peut-il qu'une malveillance calculée ait tenté de faire accroire que tant de pages éloquentes constituaient une insulte à cette mémoire, et qu'un moment les proches de François Bravay aient partagé cet injuste sentiment? Je ne suis pas encore parvenu à le comprendre. Mais, ce qui est plus grave, c'est qu'ils aient voulu prouver que mon frère avait commis un acte de noire ingratitude. A l'époque où il eut à se défendre sur ce point, il me pria de ne pas intervenir. Cette polémique toute personnelle, étrangère au mérite intrinsèque de son œuvre, blessait trop ses délicatesses littéraires pour qu'il voulût la compliquer de mon intervention. Mais, aujourd'hui, j'ai recouvré la liberté de dire qu'Alphonse Daudet n'était engagé avec François Bravay par aucun souvenir qui entravât son droit de romancier. C'est à peine s'il l'avait vu à deux ou trois reprises, et encore que cette vision rapide lui eût suffi pour juger l'homme et son milieu, complétée par ce qu'il en savait déjà ou ce qu'il en apprit ensuite, elle ne pouvait être assimilée à un de ces services qui condamnent au silence celui qui l'a reçu. Mon frère pouvait donc écrire le Nabab, quand moi-même, si j'avais eu le talent pour le faire tel, je l'aurais fait et signé sans croire manquer à un devoir».

Abordons maintenant la deuxième question : ce que Périvier affirme, c'est que Bravay a aidé Daudet pour son entrée dans le monde parisien. Ce dernier répond immédiatement : « ce n'est pas à François Bravay que je le dois ». Effectivement, ce n'est pas seulement à lui, mais il n'écrit pas « ce n'est nullement à lui ». Daudet le dit dans sa Préface : « le reproche d'ingratitude me paraît de toute façon une absurdité », non pas parce qu'il ne lui doit rien mais parce qu'il le traite dignement : il s'agit d'un démenti révélateur, la question de l'ingratitude peut se poser au titre de ce qu'il lui doit. Ernest Daudet, dans le passage cité, se pose la question en conscience. Or, le frère de François Bravay qui est un intime de Daudet lui a offert un cadeau de mariage qui a permis de rehausser le prestige de la cérémonie. Il est évident qu'indirectement les sommes venaient du Nabab. Cela explique la position défensive de Daudet et d'Ernest sur le sujet.

Reste la question déontologique : si le terme de diffamation est excessif compte tenu de la liberté romanesque, le caractère injurieux de la caricature se pose. Daumier a posé les premiers pas, la diffusion de journaux racoleurs a démocratisé les dessins humoristiques et la liberté de la presse prend corps (sauf vis-à-vis de l'Empereur) : la doctrine prendra des décennies à s'affiner : jusqu'où une caricature qui atteint ce que l'on a de plus cher peut-elle être défendue ? En définitive, cette question n'est aujourd'hui toujours pas réglée.

Les Bravay n'étaient pas les seuls courroucés : le bey de Tunis prit ombrage de l'histoire et il fallut ajouter une note à la fin de la 37ème édition du roman, pour indiquer, « que les scènes du livre où il était question de Tunis étaient tout à fait imaginaires, et qu'il n'avait jamais eu l'intention de désigner aucun fonctionnaire de cet Etat ».

La Gazette de Corse protesta aussi : "Le département du Gard existe encore en France: ayant élu feu Bravay, c'est le département du Gard en personne qui doit être immortalisé et non notre chère Corse, déjà couverte de toutes les iniquités d'Israël. À chacun sa gloire. Nous avons d'autres mouflons à fouetter... " Et de menacer : « Du moment que les lois sont faites pour le bien de tous, nous ne voyons pas pourquoi nous nous dispenserions d'en user, cette fois, ne fût-ce que pour apprendre aux auteurs qui ont des tendresses pour le département du Gard, et si peu de charité pour la Corse, à ne pas s'amuser à changer nos chèvres nationales en boucs émissaires. Les départements du continent français sont assez riches de toutes sortes de gloires électorales et autres pour que l'on ne vienne pas impunément répandre sur notre sol, autrefois volcanique, des perles médicales qui pourraient devenir des pétards désagréables. Il ne faut jamais réveiller le Corse qui dort... ». Si jamais, en Corse, vous êtes réveillé dans votre sommeil par une explosion, vous en connaîtrez désormais la cause…

En conclusion, on peut dire que Daudet a médiatisé Bravay et qu'il est juste, 200 ans après sa naissance, de célébrer le vrai Bravay, ce que j'ai voulu faire ici. Quant à la querelle avec Daudet, je peux dire que ma grand-mère maternelle, qui était la petite-fille de François Bravay et d'Amélie Schutz, avait toujours refusé qu'un livre de Daudet pénétrât dans sa maison, mais reconnaissons que ce roman reste une merveille de la littérature qui garde toute son actualité.

# BIBLIOGRAPHIE :

Alfred Blanc, Les crimes de Bravay, 1865

Alphonse Daudet, Le Nabab, 1877

Comtesse Dash, Mémoires des autres, 1887

Auriant, François Bravay ou le Nabab, 1943

Ernest Daudet, Mon frère et moi, 1882

Annales du sénat et du corps législatif, séance du 28 novembre 1863 et du 20 mars 1865

J. Boissier, Etudes Drômoises, N°1, 1993

Olympe Audouard, Les mystères de l'Égypte dévoilés, 1865

Victor Schoelcher, Journal de voyage en Egypte et L'Egypte politique, 1844

G. Delchevalerie, Les jardins et les champs de la vallée du Nil, Bulletin de la fédération des sociétés d'horticulture de Belgique, 1869

A. Jullien, Le Nabab à Belle-Eau, In : Le Tricastin, Histoire, arts, littératures, tourisme, Numéro 14, 1928

Jurisprudence des tribunaux de la réforme en Egypte, Chambres Spéciales, 1878

Colucci-Bey, Le cholera en Egypte, 1866

Thiveaud Jean-Marie. Un marché en éruption : Alexandrie (1850-1880). In: Revue d'économie financière, n°30, 1994. Les marchés financiers émergents (II) pp. 273-298.

Crédits photo :

P15 : Atelier Nadar, Bibliothèque Nationale de France

P47 Collection personnelle Bertrand Bouret, domaine public

P57 : avec l'aimable autorisation de Mémoire de la Drôme

P58 : U.S. Naval Historical Center Photograph # NH52526 ;

P51, 52, 53, 58,63, 68 O Sentis